AF454672

# LE GENDRE DE M. CABOCHE

COMÉDIE-VAUDEVILLE EN UN ACTE

### Par M. PAUL AVENEL

Représentée, pour la première fois, à Paris, sur le théâtre des VARIÉTÉS,
le 8 mars 1855

PRIX : 60 CENTIMES.

## Paris

BECK, LIBRAIRE, RUE DES GRANDS-AUGUSTINS, 20

1855

# LE GENDRE DE M. CABOCHE

## COMÉDIE-VAUDEVILLE EN UN ACTE

### Par M. PAUL AVENEL

Représentée pour la première fois, à Paris, sur le théâtre des VARIÉTÉS
le 8 mars 1855.

| PERSONNAGES. | ACTEURS. |
|---|---|
| M. CABOCHE, riche provincial, 40 ans.................... | MM. BARDOU. |
| ERNEST DE BELLEVUE, élégant de province, 25 ans........... | DANTERNY. |
| JACQUES CAUCHOIS, fermier, 24 ans...................... | CHARLES PÉREY. |
| PICARDIN, domestique de Bellevue, 20 ans................. | KOPP. |
| GENEVIÈVE, fille de M. Caboche, 17 ans................... | Mlle MARIA BLUM. |
| MADAME DURAND, servante de M. Caboche, 35 ans........... | Mme GÉNOT. |

L'action se passe chez M. Caboche, à Gisors, petite ville du département de l'Eure.

Le théâtre représente un salon; porte au fond; porte à gauche, deuxième plan, chambre de M. Caboche; à droite, premier plan, chambre de Geneviève; à droite, au second plan, porte conduisant à l'office; ameublement bourgeois, fauteuils, chaises; au fond, deux corps de bibliothèque.

## SCÈNE PREMIÈRE.

MADAME DURAND, *un plumeau à la main.*
Mon maître n'a pas encore paru... que peut-il faire à cette heure, enfermé dans sa chambre? *(Elle met l'œil au trou de la serrure de la porte de gauche.)* Il est assis devant une table et examine des papiers... *(Revenant en scène.)* S'occuperait-il du mariage de mademoiselle Geneviève, sa fille unique?... cela se pourrait bien ! c'est un homme fort singulier que M. Caboche... quand il s'est mis quelque chose dans la tête, il n'y a pas d'observations à lui faire, il faut que tout ce qu'il veut soit exécuté à la lettre!... Aussi, est-ce avec raison que dans la ville on l'a surnommé : *la tête d'âne...* Achevons de ranger car s'il venait... *(Elle époussette à droite.)*

## SCÈNE II.

CABOCHE, MADAME DURAND.

CABOCHE, *entrant par la gauche.* Madame Durand, ma canne!

MADAME DURAND, *prenant la canne dans le coin, à droite, et lui donnant par mégarde son plumeau.* Votre canne, la voici, Monsieur.

CABOCHE, *prenant le plumeau.* Mon chapeau, maintenant.

MADAME DURAND, *allant le chercher sur une chaise, au fond, a gauche.* Votre chapeau, le voilà.

CABOCHE, *s'apercevant qu'il tient le plumeau (1).* Je vous avais demandé ma canne. *(Il jette le plumeau loin de lui, à droite.)*

MADAME DURAND. Vous l'avez... vous me faites perdre la tête aussi! *(Elle lui donne la canne qu'elle avait gardée à la main.)*

CABOCHE, *prenant son chapeau.* Comment se fait-il que le ménage ne soit pas encore terminé? La chambre d'ami est-elle prête?

MADAME DURAND. Oui, Monsieur.

CABOCHE. Ah! ce n'est pas malheureux!

MADAME DURAND. Vous attendez quelqu'un?

CABOCHE. Vous êtes bien curieuse!... Je vous ai déjà défendu bien des fois de me questionner sur mes actions. Quand je vous donne des ordres, votre devoir est de les exécuter sans souffler mot.

1 Mad. Dur. Cab.

MADAME DURAND, *piquée*. C'est bien, Monsieur, c'est bien, et...

CABOCHE. Silence! Vous direz à ma fille de mettre sa robe des dimanches, j'attends aujourd'hui son mari.

MADAME DURAND. Vous voulez dire son prétendu.

CABOCHE. Son mari, entendez-vous, son mari.

MADAME DURAND. J'entends, j'entends.

CABOCHE. Silence! s'il arrivait en mon absence, je suis chez mon notaire.

MADAME DURAND. Vous allez chez votre...

CABOCHE. Oui, pas un mot de plus! (*Il remonte et se retourne avant de sortir.*) Silence! (*Il sort par le fond.*)

## SCÈNE III.

### MADAME DURAND, *puis* GENEVIÈVE.

MADAME DURAND, *seule*. Quel charmant caractère! si on n'était pas fait à son humeur, on aurait les sens tournés tous les jours.

GENEVIÈVE, *entrant par la droite, premier plan* (1). Mon père était avec vous?

MADAME DURAND. Il vient de sortir.

GENEVIÈVE. Savez-vous où il est allé?

MADAME DURAND. Chez son notaire.

GENEVIÈVE. Ah! mon Dieu!

MADAME DURAND. Qu'avez-vous, mademoiselle?

GENEVIÈVE. C'est pour me marier.

MADAME DURAND. Avec votre cousin, Jacques Cauchois.

GENEVIÈVE. Hélas! non.

MADAME DURAND. Non?

GENEVIÈVE. Mon père m'a dit hier soir de me préparer à recevoir aujourd'hui mon futur...

MADAME DURAND. Un autre?

GENEVIÈVE. Oui.

MADAME DURAND. Vous n'aimez donc plus Jacques?

GENEVIÈVE. Au contraire, plus que jamais!...

MADAME DURAND. Et connaissez-vous celui qu'on vous destine?

GENEVIÈVE. C'est un riche propriétaire des environs.

MADAME DURAND. Mais votre cousin est pourtant riche aussi; il a une belle et bonne ferme en Normandie, et par-dessus le marché il vous aime sincèrement.

GENEVIÈVE. Je le sais bien... Oh! ma bonne Durand, si vous vouliez lui parler en ma faveur, car il n'y a que vous qui puissiez vous intéresser à moi ici.

MADAME DURAND. Je le voudrais bien, mais monsieur est si têtu qu'il se ferait plutôt couper en quatre que de céder...

GENEVIÈVE. Essayez toujours, vous qui osez lui tenir tête... moi je n'en aurais pas le courage, et cependant je sens là que ce n'est ni la fortune, ni le rang de celui que mon père me destine, qui peuvent me rendre heureuse.

MADAME DURAND. Et vous avez raison.

*Air : Restez, restez, troupe jolie.*

Car pour être heureux en ménage
Il faut adorer son époux.
    GENEVIÈVE.
Et pourrais-je aimer davantage
Un autre que Jacques, entre nous?
Il est pour moi, si bon, si doux!
    MADAME DURAND.
Certes; qu'importe la parure,
Ou bien équipage armorié;
Le bonheur, s'il n'a pas voiture,  (*bis*).
Peut aussi bien aller à pié.

GENEVIÈVE. Je compte sur vous, ma bonne madame Durand.

MADAME DURAND. Je lui parlerai... j'essayerai... enfin... nous ferons ce que nous pourrons.

GENEVIÈVE. Merci. (*Jacques entre par le fond.*)

## SCÈNE IV.

### LES MÊMES, JACQUES, *en costume normand.*

JACQUES (1). Salut mam'selle Geneviève et la compagnie.

MADAME DURAND. Monsieur Jacques...

GENEVIÈVE. Mon cousin!

JACQUES. Oui, c'est moi, en personne; ça vous étonne, pas vrai?...

GENEVIÈVE. Quel heureux hasard vous amène?

JACQUES. Ce n'est pas le hasard, Geneviève. Hier, en revenant des champs, comme j'entrais à la ferme, on m'a remis une lettre de mon oncle Caboche... La voici. (*Il tire une lettre de sa poche.*)

GENEVIÈVE. Voyons, que vous écrit-il?

JACQUES, *remettant la lettre dans sa poche.* C'est inutile de la lire, je sais ce qu'il y a dedans... Votre père me dit : « Mon cher neveu, tu veux épouser ma fille, tu ne l'épouseras pas, parce que je lui ai trouvé un meilleur parti que toi. En conséquence, je te défends de remettre les pieds chez moi avant l'hyménée de Geneviève... » Et voilà pourquoi j'arrive.

MADAME DURAND. Malgré sa défense?...

JACQUES. Laissez donc, je sais bien, allez, ce que parler veut dire... Dans mon pays on n'est pas aussi bête qu'on en a l'air! J'ai pris des renseignements. Il veut marier, pas vrai, ma Geneviève à un particulier qui se vante d'être un *gen-*

1 Mad. Duv. Gen.
1 Mad. Dur. Jacq. Gen.

*tlemâne* et d'avoir une propriété dans ces con-
trées?...

GENEVIÈVE. Oui, M. de Bellevue!

JACQUES. De Bellevue?... de?... Laissez donc
tranquille!... il n'est pas plus *de* que vous et moi.

GENEVIÈVE ET MADAME DURAND. Ah! bah!

JACQUES. Un fils de fermier... v'là tout... qui a
voulu tâter de Paris, et qui y a mangé son saint
frusquin... mais j'arrive à temps pour faire valoir
mes droits à la main de mon adorée!... V'là pourquoi que, sans perdre une minute, j'ai enfourché
Coquelicot, mon bidet, et j'ai fait quinze lieues
tout d'une traite.

GENEVIÈVE. Et vous espérez?...

JACQUES. Pardi! si j'espère!... Il n'y a que les
absents qu'ont tort... et comme me v'là, j'aurai
raison, c'est clair!

MADAME DURAND. Vous ne doutez de rien?

JACQUES. Pourquoi douter?... Ma petite Geneviève m'a dit, plus de cent fois, qu'elle ne serait
qu'à moi; et je lui ai répondu, plus de cent fois,
que je ne serais qu'à elle... Il n'y a donc pas à
douter!... (*A Geneviève.*) N'est-ce pas, ma petite
femme?

Air : *Ne raillez pas la garde citoyenne.*

En Normandie, au fond de ma province,
Allez, ma chère, on passe de longs jours,
Et j'y serai bien plus heureux qu'un prince,
Quand le bon Dieu bénira nos amours.
Là, nous aurons une existence telle
Que je voudrais en faire le tableau :
Vous y serez ma douce tourterelle,
Moi, j'y serai votre gros tourtereau.
D'une maison je suis propriétaire,
Vous en serez le plus bel ornement;
Avec cela je possède une terre,
Dont le labour me donne dix pour cent.
Je vis content avec économie.
Je vois mes blés tous les ans réussir,
Et mes voisins regard'nt avec envie
Jacques Cauchois p'tit à p'tit s'enrichir.
Notre avenir, vous le voyez, ma chère,
En ce pays ne peut être douteux ;
Et quand l'amour entre époux est sincère,
Le vrai bonheur ne se comprend qu'à deux !
Avec le temps, si le ciel nous seconde,
Nous pourrons bien avoir beaucoup d'enfants...
Certe, ils seront les plus jolis du monde,
Car ils auront les traits de leurs parents.
     En Normandie, etc.

MADAME DURAND. Vous parlez déjà comme si
vous étiez marié.

JACQUES. Pourquoi pas? Est-ce que vous croyez
que j'ai peur de mon oncle? Oh! nenni!... Je lui
parlerai en face comme je vous parle, et tout de
suite, encore; où est-il ?

MADAME DURAND. Il est chez son notaire.

JACQUES. Celui qui demeure au haut de la
grand'rue?

GENEVIÈVE. Oui.

JACQUES, *remontant.* Ça suffit, j'y cours. (*Redescendant* (1). Est-ce que je ne pourrais pas me
rafraîchir un peu auparavant?... La poussière de
la route m'a séché le gosier.

MADAME DURAND, *allant à la porte, à droite,
deuxième plan.* Entrez là... vous sortirez par la
cour.

JACQUES. Ma bonne Geneviève... soyez tranquille... on n'a pas peur, allez!...

GENEVIÈVE. Tout mon espoir est en vous. (*Jacques passe au milieu* (2).

ENSEMBLE.

JACQUES.

Air : *Une heureuse rencontre.*

Allons, prenez courage
Je saurai l'attendrir ;
Et notre mariage
Bientôt va s'accomplir.

GENEVIÈVE.

Je dois prendre courage
Il s'aura l'attendrir ;
Et notre mariage
Pourra bien s'accomplir.

MADAME DURAND.

Tous deux prenez courage
Il saura l'attendrir ;
Et puis vot' mariage
Pourra bien s'accomplir.

(*Jacques sort par la porte du second plan, à droite.*)

## SCÈNE V.

### GENEVIÈVE, MADAME DURAND, *puis* CABOCHE.

MADAME DURAND, *revenant à Geneviève.* Quel
bon et honnête garçon que M. Jacques Cauchois!
et comme il vous aime!...

GENEVIÈVE. Malheureusement mon père n'ap-
précie pas ses qualités.

MADAME DURAND. Sa présence ici me donne du
courage... aussi je parlerai à M. Caboche... et de
la bonne façon... encore...

GENEVIÈVE. Et moi je l'implorerai.

CABOCHE, *à la cantonade.* Madame Durand !...
madame Durand !

MADAME DURAND, *avec frayeur.* Le voici déjà,
mon Dieu !...

GENEVIÈVE, *se pressant contre madame Durand.* Je tremble !...

MADAME DURAND, *tremblant aussi.* Oh! moi, je
n'ai pas peur !

GENEVIÈVE, *même jeu.* Ne me quittez pas.

MADAME DURAND. Comptez sur mon énergie'...

1 Jacq. mad. Dur. Gen.
2 Gen. Jacq. mad. Dur.

(S's dents claquent. — *Caboche entre par le
fond; elles se séparent aussitôt.*)

CABOCHE (1). Corbleu!... Pourquoi la porte de
la cour est-elle tout grande ouverte?... Est-ce
que ma maison est un auberge?... Il est donc
venu quelqu'un? (*Madame Durant est interdite.*)
Voyons, parlerez-vous? On dirait que je vous
fais peur?

MADAME DURAND, *toute tremblante.* Non, Monsieur; il n'est venu personne... (*A part.*) Jacques
doit être déjà parti... (*Elle ramasse son plumeau.*)

CABOCHE, *allant à sa fille.* Ah! c'est toi, Geneviève... bonjour, mon enfant. (*Il l'embrasse au
front; à madame Durand.*) Laissez-nous... (*Madame Durand ne bouge pas.*) Assieds-toi, ma fille,
j'ai à t'entretenir de quelque chose qui t'in-
téresse.

MADAME DURAND, *à part.* Si j'osais lui dire...
(*Geneviève s'assied à gauche.*)

CABOCHE, *à madame Durand.* Encore ici?...

MADAME DURAND. C'est que... c'est que...

CABOCHE. Silence!... sortez! (*Il va prendre
une chaise au fond.*)

MADAME DURAND. On sort, on sort. (*A part.*)
Ma foi, j'ai fait ce que j'ai pu... tâchons de prévenir M. Jacques. (*Elle sort, à droite, par la
porte du second plan.*)

## SCÈNE VI.

### GENEVIÈVE, CABOCHE.

CABOCHE, *venant s'asseoir près de sa fille.* Ah!
te voilà en toilette?

GENEVIÈVE. Mon père...

CABOCHE, *avec douceur.* C'est bien... je t'ai
prévenue, hier, que je devais te présenter ton
mari aujourd'hui.

GENEVIÈVE, *timidement.* Je vous attendais...
pour vous prier... de différer...

CABOCHE, *l'interrompant.* Ton mariage?... Tu
as dix-sept ans, il n'y a pas de temps à perdre...

GENEVIÈVE. Mais, mon père, vous savez que
j'aime mon cousin.

CABOCHE. Ah! voilà le grand mot lâché!...
Jacques Cauchois, toujours Jacques Cauchois!...
Il faut l'oublier. Je t'ai trouvé un mari bien pré-
férable à lui... Un gentilhomme!... Ils sont rares
à présent, aussi faut-il s'en emparer quand par
hasard il vous en tombe un sous la main. Allons,
ne parlons plus de ton cousin... j'ai résolu de te
faire épouser M. Ernest de Bellevue, et tu l'épouseras...

GENEVIÈVE. Jacques est mon ami d'enfance.

CABOCHE. Qu'importe! C'est un fermier. Eh

1 Gen. Cab. mad. Dur.

bien! qu'il épouse une fermière, une paysanne,
il n'en manque pas en Normandie.

GENEVIÈVE. Vous m'aviez pourtant donné à en-
tendre...

CABOCHE, *se levant.* Bah! l'amour viendra après
le mariage.

GENEVIÈVE, *suppliant et se levant.* Mon bon
père!

CABOCHE, *s'impatientant.* Silence! je suis bon,
mais je suis ferme. (*Il reporte sa chaise au fond.*)

GENEVIÈVE, *passant à droite.* Que je suis malheureuse! (*Elle pleure.*)

CABOCHE, *à part, l'observant* (1). Des pleurs!
(*Redescendant.*) Ces petites filles ont toujours le
même argument à vous opposer quand on les
contrarie, des pleurs! (*Haut, à Geneviève.*)
Voyons, sèche tes jolis yeux, et écoute-moi... La
dernière fois que j'ai chassé avec M. de Bellevue
dans le bois attenant à son château, il m'a fait
l'honneur de me demander ta main... j'ai accepté
pour toi... en lui offrant presque toute ma fortune pour ta dot... Tu vois combien je t'aime. (*Il
l'embrasse au front.*) Va, console-toi, c'est un
charmant jeune homme, tu finiras par l'aimer, et
de plus tu seras grande dame et riche.

> Air : *J'ai vu le parnasse des dames.*

> Oui, bien des filles, à ta place,
> Sentiraient palpiter leur cœur;
> Au contraire, le tien se glace,
> A l'approche d'un tel bonheur.
> Enfant, tu seras châtelaine,
> Tu recevras dans tes salons,
> Et tu gouverneras en reine,
> Tous les bourgeois des environs. (*bis.*)

GENEVIÈVE. Je n'ambitionne pas, mon père,
une position aussi brillante... ne me forcez pas à
vous quitter... je resterai près de vous.

CABOCHE. Assez, Mademoiselle, vous épouserez
M. de Bellevue. Il ne manquerait plus qu'on
s'opposât à ce que je fais, à ce que j'ordonne, à
ce que je veux!... quand je veux, quand j'ordonne, quand je fais quelque chose, c'est pour
vous que je le fais, que je le veux, que je l'ordonne!
Allez, Mademoiselle, allez!

GENEVIÈVE, *bas, à madame Durand qui vient
d'entrer par le fond* (2). Mon cousin ne m'en vou-
dra pas... j'ai fait tout ce qu'il était en mon pouvoir... (*Elle sort à droite, premier plan, madame
Durand la suit.*)

## SCÈNE VII.

### CABOCHE, *puis* MADAME DURAND.

CABOCHE, *seul.* Si on avait la faiblesse de se

1 Cab. Gen.
2 Cab. Gen. mad. Dur.

laisser attendrir, que de sottises on ferait... heureusement que j'ai une volonté inébranlable... J'ai eu raison d'écrire à Jacques Cauchois, je suis bien sûr que le gaillard aura pris vite son parti... Et puis Geneviève n'était pas la femme qui lui convenait !... (*Madame Durand rentre par le premier plan à droite, sur ces derniers mots.*)

MADAME DURAND, *à part* (1). Faire pleurer Mademoiselle !... (*Haut.*) Comment, Monsieur...

CABOCHE, *brusquement.* Que voulez-vous?

MADAME DURAND. Votre fille est tout en larmes !

CABOCHE. Que vous importe?

MADAME DURAND. Dame !...

CABOCHE. Silence !...

MADAME DURAND. N'est-ce pas moi qui ai élevé cette chère enfant?

CABOCHE. Serait-ce vous aussi qui lui auriez monté la tête?

MADAME DURAND. Vous êtes d'une cruauté...

CABOCHE. Vous tairez-vous?

MADAME DURAND. Non, je ne me tairai pas... ah!

CABOCHE. Si c'est pour me tenir de pareils propos que vous êtes entrée... sortez, Madame, sortez !

MADAME DURAND. Eh bien ! non, ce n'est pas pour cela, je venais vous prévenir qu'un grand flandrin de domestique demandait après vous. (*Picardin entre par le fond.*) Tenez, le voici !...

⁂⁂⁂⁂⁂⁂⁂⁂⁂⁂⁂⁂⁂⁂⁂⁂⁂⁂⁂⁂⁂⁂⁂⁂⁂⁂⁂

## SCÈNE VIII.

### CABOCHE, PICARDIN, MADAME DURAND.

PICARDIN, *à Caboche.* Monsieur Caboche, s'il vous plaît?

CABOCHE. C'est moi.

PICARDIN. Je le savais bien, Monsieur, mais c'était par politesse que je faisais cette question.

CABOCHE. Vous êtes bien bon.

MADAME DURAND, *levant les épaules, à part.* Quel escogriffe !

PICARDIN. Et cette petite santé est toujours bonne, hein, depuis que j'ai eu le plaisir de vous voir, Monsieur ?...

CABOCHE. Je ne me rappelle pas...

PICARDIN. Je vous ai vu d'une fenêtre de notre château, un jour que vous chassiez avec mon maître, Monsieur.

CABOCHE. Vous êtes le groom de M. de Bellevue, mais il fallait le dire tout de suite.

PICARDIN, *se redressant.* Monsieur, je ne suis pas un simple larbin, je me nomme Picardin, je suis intendant, homme de confiance, frère de lait et ami de mon très-honoré maître ; nous sommes toujours ensemble, on dirait à nous voir...

1 Cab. mad. Dur.

MADAME DURAND, *à elle-même.* Saint-Antoine et son compagnon.

PICARDIN. Plaît-il?...

MADAME DURAND. Rien !...

CABOCHE, *à Picardin.* Où est M. de Bellevue?

PICARDIN. En bas, dans son coupé.

CABOCHE. Comment, tu bavardes quand ton maître attend!

PICARDIN. Je viens vous demander si vous êtes visible.

CABOCHE. Mais tu le vois bien... qu'il vienne, je l'attendais avec impatience.

PICARDIN, *gravement.* C'est très-bien, Monsieur, je vais lui porter vos propres paroles, il en sera ravi. (*Il sort lentement, et avec importance par le fond.*)

MADAME DURAND, *à part, montrant Caboche* (1). Voilà pourtant ce qui le séduit.

CABOCHE, *à madame Durand.* Vite, prévenez ma fille, vite.

MADAME DURAND. (*A part.*) Et Jacques qui ne revient pas.

CABOCHE. Vous êtes encore là? dites-lui que son mari brûle de la voir.

MADAME DURAND, *imitant la sortie de Picardin, de ton et d'allure.* C'est très-bien, Monsieur, je vais lui porter vos propres paroles...

CABOCHE. Hein ?...

MADAME DURAND. Elle en sera ravie.

CABOCHE. Qu'es-ce que c'est que ça?... allez donc!... (*Madame Durand sort par la porte de droite, deuxième plan.*)

⁂⁂⁂⁂⁂⁂⁂⁂⁂⁂⁂⁂⁂⁂⁂⁂⁂⁂⁂⁂⁂⁂⁂⁂⁂⁂⁂

## SCÈNE IX.

### CABOCHE, *puis* ERNEST ET PICARDIN.

CABOCHE, *seul.* Allons, tout va bien, tout va bien !... ma fille épousera un gentilhomme, elle sera comtesse... comtesse de Bellevue !... Quel honneur pour les Caboche !... (*Ernest et Picardin entrent par le fond.*) Ah! voici mon gendre !...

ERNEST, *un lorgnon à l'œil, mise d'un lion de province* (1). Salut à mon cher beau-père.

CABOCHE. Monsieur, j'ai bien l'honneur d'être votre très-humble serviteur...

PICARDIN, *continuant la phrase et saluant.* De tout mon cœur, ah! quel bonheur !

ERNEST, *lorgnant.* Mais ça n'est pas mal ici !...

PICARDIN, *à lui-même.* Oui... la bicoque est gentille...

CABOCHE, *à Ernest.* Vous êtes indulgent.

ERNEST, *lorgnant.* Où donc est la charmante Geneviève, je ne la vois pas.

1 Cab. mad. Dur.
2 Pic. Ern. Cab.

PICARDIN. Où donc est-elle?... nous ne la voyons pas.

CABOCHE. Elle va venir... mais parlons affaire, vous savez que je lui donne soixante mille francs en mariage.

ERNEST. Ah ! sa beauté se passerait bien d'une pareille somme.

PICARDIN. Oh ! nous ne tenons pas à l'argent... nous...

CABOCHE, *appuyant sur ces mots.* Pourtant une dot de 60,000 francs ne détruit pas les charmes d'une jeune fille.

ERNEST. Ne croyez pas que je veuille vous contrarier au point de la prendre sans dot.

PICARDIN, *à lui-même.* Sans dot !... mauvaise affaire. (*Il remonte.*)

ERNEST. Que je serai heureux, beau-père, avec une femme si accomplie.

PICARDIN, *tout à coup à M. Caboche, en descendant au milieu.* Ah ! vous lui donnez soixante mille francs ?

CABOCHE. Cela t'étonne, toi ?...

PICARDIN. Non, non ; mais ça me surprend agréablement et ça m'enchante.

CABOCHE. Et pourquoi cela t'enchante-t-il ?

PICARDIN. Pourquoi ?... Dame !... parce que ça m'enchante.

CABOCHE. Il est amusant votre groom, il me plaît. (*Il lui tire l'oreille.*)

PICARDIN. Aïe !... aïe... (*A part.*) C'est pas un homme, c'est une tenaille... (*Il passe à droite et s'assied.*)

ERNEST. Cher beau-père, rien n'égale mon bonheur, votre fille était née pour moi...

Air : *Economies de Cabochard.*

Oui, votre fille,
Gentille,
Par mille charmes brille ;
Tournure,
Maintien, jeunesse, allure,
Figure,
Tout est bien, je le jure !
Je peux,
Et veux
Être heureux !
O femme !
Mon âme
Se pâme,
S'enflamme,
Vivement réclame
L'ardeur
De ton cœur !
Avec mon nom, mon immense richesse,
Et ma tendresse,
Je le confesse,
Nous goûterons une divine ivresse,

1 Ern. Pic. Cab.
2 Ern. Cab. Pic.

Dont maints époux
Seront jaloux !
Dans le manoir de mes bons vieux
Nous serons, des demi-dieux ;
Les bals, les festins joyeux
Pourront montrer à tous les yeux
Que nous sommes heureux...
(*A M. Caboche.*)
Et vous serez fier,
Dans un séjour aussi cher,
De pouvoir passer vos jours
Au sein de nos douces amours !...

ENSEMBLE, REPRISE.

ERNEST.
Oui, votre fille,
Gentille, etc.

CABOCHE.
Oh ! oui, ma fille,
Gentille,
Par mille charmes brille !...
Tournure,
Maintien, jeunesse, allure,
Figure,
Tout est bien il le jure ;
Il peut,
Et veut
Être heureux !

PICARDIN, *se levant.*
Oh ! oui, sa fille,
Gentille,
Par mille charmes brille !
Tournure,
Maintien, jeunesse, allure,
Figure,
Tout est bien, il le jure ;
Il peut,
Et veut
Être heureux.

CABOCHE. Quel brillant avenir pour ma chère Geneviève !

ERNEST. Inutile de vous énumérer, Monsieur, les biens qui composent mon patrimoine.

PICARDIN. Pourtant ça ne peut pas nuire.

CABOCHE. Un mien ami m'a déjà parlé de vous.

PICARDIN, *à part.* Éblouissons le beau-père !

ERNEST. Je possède un château...

PICARDIN. Comment un château ?... deux châteaux !... et le petit sur la hauteur ?

ERNEST. Pourquoi en parler ?... c'est un rendez-vous de chasse. J'ai de plus à Paris... une maison...

PICARDIN. Comment, une maison ?... deux maisons !... et celle située au faubourg Saint-Marceau ?...

ERNEST. Je ne la compte pas.

CABOCHE. C'est inutile de m'en dire davantage. L'ami, qui m'a fait votre éloge, vous a rencontré aux eaux de Barèges.

ERNEST. En effet, j'ai été aux eaux pour un léger rhumatisme que j'avais dans une jambe...

PICARDIN. Comment, Monsieur, dans une jambe? Vous en avez bien dans les deux... (*Ernest lui fait signe de se taire.*)

CABOCHE. Qui n'a pas quelques petites douleurs? J'en ai bien, moi, quand le temps change.

PICARDIN. C'est que mon maître oublie en été ce qu'il souffre en hiver.

ERNEST, *de loin, faisant signe à Picardin.* Hum!... hum!...

CABOCHE, *à Ernest.* Oh! ma fille aura mille petits soins pour vous.

PICARDIN, *tout à coup, à Caboche.* Ah! vous êtes aussi une boîte à rhumatismes?

CABOCHE, *le prenant par l'oreille.* Il est amusant votre groom, il me plaît.

PICARDIN. Aïe!... aïe!... (*Se frottant l'oreille, à part.*) C'est pas un homme, c'est une pince!

ERNEST. Mais elle tarde bien à venir, ma charmante fiancée!

CABOCHE. Elle devrait être ici! Je comprends votre impatience, et je vais la chercher.

### REPRISE DE L'ENSEMBLE.

**ERNEST.**
Oui, votre fille, etc.
**CABOCHE.**
Oh! oui, ma fille.
**PICARDIN.**
Oh! oui, sa fille, etc.

(*Caboche sort par la droite, premier plan, Ernest l'accompagne jusqu'à la porte.*)

## SCÈNE X.

### PICARDIN, ERNEST, *puis* CABOCHE.

ERNEST, *à Picardin.* Eh bien?...

PICARDIN. Eh bien! (*Ils se mettent tous deux à danser en chantant.*)

ERNEST, *s'arrêtant.* Ce mariage va me rendre mon ancienne splendeur, car on le dit très-riche.

PICARDIN. Tant mieux! car, depuis quelque temps, nous avons fait tant de trous à la lune, que, pour nous, cet astre n'est plus qu'une écumoire.

ERNEST. Mais il paraît que j'ai un rival?

PICARDIN. Ah! nous avons un rival?

ERNEST. Un rustre, un imbécile, à ce qu'on m'a dit.

PICARDIN. Tous les rivaux sont des imbéciles, Monsieur.

ERNEST. Le papa Caboche ne m'en a pas parlé, c'est qu'il n'est pas inquiétant.

PICARDIN, *se redressant.* Quel est donc le malotru qui aurait osé s'implanter avant nous dans le cœur de mademoiselle Geneviève?

ERNEST. Ah çà! tu ne m'as pas dit comment tu trouvais mon beau-père?

PICARDIN. Je le trouverais charmant, s'il n'avait pas la manie d'allonger les oreilles.

ERNEST. Bah!... il faut bien lui passer quelque chose.

PICARDIN, *mystérieusement.* Dites donc, Monsieur, vous ne savez pas?

ERNEST. Non!

PICARDIN. J'ai une faim atroce... Savez-vous où est l'office?

ERNEST. M. Caboche te le dira. (*Il passe à gauche.*)

CABOCHE, *entrant par le premier plan, à gauche* (1). Ma fille va venir, Monsieur.

PICARDIN, *d'un ton câlin, l'arrêtant.* Mon bon monsieur Caboche!...

CABOCHE. Que veux-tu?

PICARDIN. Sachez que, mon maître et moi, dans notre ardeur à venir près de vous, nous nous sommes embarqués sans biscuits, et mes pauvres jambes se dérobent... (*Il feint de tomber en faiblesse.*)

CABOCHE. Tu as la fringale, mon garçon?

PICARDIN, *priant.* Oui, l'office, s'il vous plaît!

CABOCHE. Je vais t'y conduire. (*Allant à Ernest* (2). J'ai dit à ma fille que vous l'attendiez ici... Je vous laisse avec elle...

PICARDIN. Je vous attends, monsieur Caboche.

CABOCHE, *à Picardin.* Viens, toi! Faut-il que je te soutienne? (*Il lui prend l'oreille.*)

PICARDIN. Aïe!... aïe!... (*A part.*) C'est pas un homme, c'est un étau!

### ENSEMBLE.

Air : *les Papillottes de M. Benoit.*

**ERNEST.**
Ah! quel beau jour!
Pour mon amour!
Il nous assure notre hymen.
Je vais la voir, heureux destin!
Mon bonheur est en bon chemin.
**CABOCHE.**
Ah! quel beau jour!
Pour leur amour!
Je leur assure un doux hymen!
Il va la voir, heureux destin.
Son bonheur est en bon chemin.
**PICARDIN.**
Ah! quel beau jour!
Pour leur amour!
Il leur assure un doux hymen!
Il va la voir, heureux destin!
Son bonheur est en bon chemin!

PICARDIN, *arrivé près de la porte du deuxième plan à droite, avec M. Caboche.* Passez devant, Monsieur! (*Au moment où M. Caboche va sortir, Picardin passe devant lui et sort le premier.*)

1 Ern. Pic. Cab.
2 Ern. Cab. Pic.

## SCÈNE XI.

ERNEST, *puis* GENEVIÈVE, *puis* JACQUES.

ERNEST, *seul.* Montrons-nous empressé, séduisant, passionné... afin que notre galanterie ait un plein succès auprès de la naïve et timide enfant... (*Regardant à droite.*) C'est elle !

GENEVIÈVE, *à part, entrant par le premier plan à droite* (1). Mon Dieu ! il est seul !...

ERNEST. Ne craignez rien, Mademoiselle.

GENEVIÈVE. Je croyais que mon père...

ERNEST. Il est sorti pour donner quelques ordres. Il vous a sans doute appris que je lui avais demandé votre main ?

GENEVIÈVE. Oui, Monsieur.

ERNEST. Est-ce que vous n'êtes pas heureuse de devenir ma femme ?... Ah ! si vous éprouviez pour moi ce que j'éprouve pour vous, le plus beau jour de notre vie serait le jour de notre union.

Air de *M. Nargeot.*

Oui, vous êtes charmante et belle,
Et je vous le dis sans détour,
Ne soyez donc pas si cruelle,
Vos regards inspirent l'amour !
Là, je sens une vive flamme
Qui consume mon pauvre cœur !
Ce n'est qu'en vous nommant ma femme,
Que je pourrai croire au bonheur !

GENEVIÈVE. Mais, si j'en aimais un autre...

ERNEST, *avec fatuité.* Ce n'est pas possible, vous avez trop bon goût pour aimer un autre homme que moi !... Il est bien arrivé à mes oreilles qu'un bas-Normand ou franc-Picard vous faisait la cour... mais vous êtes trop bien élevée pour épouser un rustre... non, vous ne me feriez pas cette injure !... (*Jacques paraît au fond, et se met à l'écart, à gauche.*)

GENEVIÈVE. Jacques m'aime depuis longtemps, Monsieur...

ERNEST (2). Ce n'est pas l'âge de l'amour qui en fait la force, belle Geneviève... Vous n'êtes pas née, vous dis-je, pour épouser un paysan, un rustaud !...

JACQUES, *à part.* Il m'arrange bien.

ERNEST, *continuant.* Votre place est dans un salon, au milieu du grand monde ; vos mains sont trop fines et trop délicates pour s'occuper des soins du ménage d'un fermier, et vos pieds sont trop mignons pour fouler autre chose qu'un tapis moelleux !

JACQUES, *à part.* Ah ! tu crois ça, toi ?

GENEVIÈVE. Monsieur, permettez-moi de me retirer...

ERNEST. Réfléchissez un peu, chère enfant, et

1 Ern. Gen.
2 Jacq. Ern. Gen.

vous verrez que j'ai pleinement raison... Le titre de comtesse est un noble titre.

ERNEST.

Air des *Papillottes de M. Benoit.*

Le titre de comtesse
Doit plaire à votre cœur ;
Le nom et la richesse,
Font toujours le bonheur...

ENSEMBLE, REPRISE.

ERNEST.

Le titre de comtesse, etc.

GENEVIÈVE.

Le titre de comtesse
Ne plaît pas à mon cœur ;
Le nom et la richesse
Ne font pas le bonheur !

JACQUES.

Le titre de comtesse
Ne flatte pas son cœur ;
Le rang et la richesse
Ne font pas le bonheur.

(*Geneviève sort par la droite, premier plan.*)

JACQUES, *à part.* A nous deux, maintenant !

ERNEST, *à lui-même.* Ces fillettes sont toutes les mêmes !

## SCÈNE XII.

JACQUES, ERNEST.

JACQUES, *résolument et s'approchant d'Ernest.* Salut, monsieur le gentilhomme !...

ERNEST, *le lorgnant.* Qu'est-ce que c'est que ça ?...

JACQUES. Ça !... c'est un rustaud, un paysan... pour vous servir, s'il en était capable ; mais, rassurez-vous, il en est incapable, pour le quart-d'heure.

ERNEST. Ah çà !.. mais je ne vous connais pas, mon cher !... Qui êtes-vous ?... D'où venez-vous ?

JACQUES. Vous êtes trop curieux, monsieur Ernest Bellevue.

ERNEST. De Bellevue, s'il vous plaît.

JACQUES. J'entends bien... Bellevue !...

ERNEST, *à part.* Il me connaît.

JACQUES. Je me nomme Jacques Cauchois.

ERNEST. Je m'en doutais.

JACQUES. A présent, vous en êtes sûr. Je viens de Rouen.

ERNEST, *à part.* De Rouen !

JACQUES. Pour vous empêcher d'épouser celle que j'aime... monsieur Bellevue !

ERNEST. De Bellevue, s'il vous plaît !

JACQUES. Bellevue !...

ERNEST, *à part.* Ah çà ! mais je ne le connais pas, ce butor-là... (*Haut, et souriant.*) Oh ! vous n'êtes pas un rival redoutable !

JACQUES. Vous croyez ça?... Eh bien ! je vous dis que vous ne me soufflerez pas ma cousine.

ERNEST. Mademoiselle Geneviève n'est pas folle de vous, monsieur Jacques !

JACQUES. C'est donc ça qu'elle vous disait tout à l'heure, monsieur Ernest ?

ERNEST, *à part.* Le maraud nous espionnait ?

JACQUES. Si j'ai un conseil à vous donner, c'est de ne point faire le malin avec moi ; j'en ai roulé de plus astucieux que vous... Oh! j'en sais de belles sur votre compte !

ERNEST, *à part.* Aïe !

JACQUES. Et si je voulais parler !...

ERNEST, *à part.* Diable !... est-ce que Picardin aurait bavardé? (*Haut.*) Emploieriez-vous la calomnie pour me nuire?... faites!... Je suis au dessus de tout ce que vous pouvez dire. (*Il remonte, et passe à gauche.*)

JACQUES (1). C'est selon... dites-donc, monsieur Bellevue !

ERNEST, *descendant.* De Bellevue, s'il vous plaît !

JACQUES. Je ne puis pas m'y habituer... En attendant, raisonnons un petit brin. Est-ce que vous l'aimez, vous, Geneviève?

ERNEST. Puisque je vais l'épouser.

JACQUES. Ce n'est pas une raison. Je sais, moi, qu'elle vous déteste... Oh! mais, là... elle vous déteste... ferme!... Vous avez cajolé son père pour l'obtenir...

ERNEST, *piqué.* Monsieur Cauchois!

JACQUES. Monsieur Bellevue... qui n'y voyez goutte!...

ERNEST, *le lorgnant.* Si vous continuez sur ce ton...

JACQUES. Eh ben !... après !... est-ce que vous croyez m'en imposer avec vos grands airs?... ôtez donc votre lorgnon, ça vous éraille la paupière.

ERNEST. A qui donc croyez-vous parler?..

JACQUES. Il est donc bien précieux votre œil, que vous le mettez sous verre?... je suis sûr d'une chose, moi, c'est que si Geneviève n'avait que sa gentillesse pour dot, vous ne seriez jamais entré dans cette maison.

ERNEST. M. Cauchois !

JACQUES. Eh bien! après, monsieur Bellevue... vous jouez le sentiment, mais vous n'éprouvez rien...

Air : *Aux braves hussards du deuxième.*

> Votre toilette est élégante,
> Vous singez les bonnes façons,
> La bouche toujours souriante
> Comme si vous fréquentiez les salons...
> On n' vous r'çoit pas dans les grandes maisons.
> Vous sentez le musc, la pommade,
> Autant qu'un garçon parfumeur,

1 Ern. Jacq.

> De vot' faux nom faites parade,
> Mais vous n'avez rien dans le cœur!
> Non, non, vous n'avez pas de cœur!

ERNEST, *à part.* Ah çà! mais s'il me démolit, ce coco-là (*Haut.*) Monsieur, assez de vos impertinences! Le papa Caboche est enchanté et fait très-bien de me donner sa fille... et je l'épouserai quand même, malgré vous, malgré tout le monde... adieu! monsieur Jacques !

JACQUES. Au revoir, monsieur Bellevue.

ERNEST, *avec force.* De Bellevue !...

### ENSEMBLE.

*Air de* Wallace.

> Ah! vous voulez la guerre!
> Soit! je vous la ferai ;
> Et bientôt, je l'espère,
> Sur vous l'emporterai!

ERNEST.

> Sachez, Monsieur, je vous le dis d'avance,
> Qu'à mes rivaux, je ne fais pas quartier.

JACQUES.

> Je ne veux pas, chez Monsieur, d'indulgence,
> Mais rira bien, qui rira le dernier.

### REPRISE DE L'ENSEMBLE.

> Ah! vous voulez la guerre
> Soit! je vous la ferai
> Et bientôt, je l'espère,
> Sur vous l'emporterai!

(*Ernest sort par le fond.*)

## SCÈNE XIII.

JACQUES, *seul.* C'est donc vrai !... on veut sacrifier Geneviève, on veut lui donner un mari qu'elle n'aime pas, qu'elle n'aimera jamais !.. un noble de contrebande!... un mange-tout!... quand moi... je pourrais si bien la rendre heureuse. Ce beau muscadin a su empaumer mon oncle... mais minute !... Jacques Cauchois n'est ni muet, ni manchot !... et ne se laissera pas comme un benêt couper l'herbe sous les pieds. (*Caboche entre par la porte de droite, deuxième plan.*)

## SCÈNE XIV.

### JACQUES, CABOCHE.

CABOCHE, *voyant Jacques.* Hein?... toi ici...

JACQUES, *à part.* Du calme !... (*Haut, en souriant.*) Oui, mon oncle, oui.

CABOCHE. Corbleu !... je t'avais pourtant défendu de venir.

JACQUES. Effectivement, vous m'avez défendu de me présenter pour épouser Geneviève ; mais vous ne m'avez pas défendu d'assister à sa noce.

CABOCHE. Ah! c'est différent (*A part.*) Il a pris son parti.

JACQUES. Ne faut-il pas un garçon d'honneur?... et ce poste me revient de droit, mon oncle...

CABOCHE. C'est juste!...

JACQUES. La noce sera cossue et flambante, hein?

CABOCHE. Elle épouse un fils de famille... un comte!

JACQUES. Ah! elle épouse un fils de famille? (*A part.*) Ah! oui... que c'en est un de conte!...

CABOCHE. Le propriétaire du château de Belle-vue!

JACQUES. Geneviève est bien heureuse de cela?

CABOCHE. Très-heureuse!

JACQUES, *avec intention.* Ah! elle est très-heureuse?

CABOCHE. Je voudrais bien voir qu'elle résistât à mes volontés!

JACQUES. Elle aime M. Bellevue?

CABOCHE. Mais un peu, mon neveu!... tu le connais?

JACQUES. Un peu, mon oncle!... et je vous dirai que ce qui plaît à ce beau muscadin, ce n'est pas Geneviève mais sa dot.

CABOCHE. C'est faux!

JACQUES. N'aurait-il pas mieux valu lui laisser suivre son inclination et me la donner pour femme?

CABOCHE, *s'impatientant.* Assez!

JACQUES. Car elle m'aime!

CABOCHE. Silence!

JACQUES. Et vous savez bien que de mon côté...

CABOCHE, *éclatant.* Corbleu!... te tairas-tu?

JACQUES, *résolument.* Eh bien! mon oncle, non, je ne me tairai pas; et vous saurez que si un jour ma cousine est malheureuse, ce sera votre faute.

CABOCHE, *exaspéré.* Jacques, ne me pousse pas à bout!

JACQUES. Ah! criez tant que vous voudrez, ça ne m'empêchera pas de vous dire en face ce que je pense... (*Il enfonce son chapeau sur sa tête et met ses mains dans ses poches.*) Vous voulez par orgueil, faire le malheur de votre fille, morbleu!... moi, je m'y oppose!... (*Changeant de ton.*) Vous n'avez donc rien là, dans la poitrine, qui vous parle en faveur de votre enfant?

CABOCHE. Je suis inflexible!

JACQUES. Ah! tenez, on voit bien que vous n'avez jamais aimé!

CABOCHE, *furieux.* Et si Geneviève ne fait pas mes volontés, je lui donne ma malédiction et je la deshérite!

JACQUES. Ça se dit ces choses-là, mais ça ne se fait pas; je ne vous demande pas de dot, moi, c'est sa main que je veux!

CABOCHE. Ma résolution est immuable!...

JACQUES. Voyons, mon oncle!

CABOCHE, *passant à gauche.* Laisse-moi tranquille!

JACQUES, *le retenant par le pan de son habit.* Mon oncle!... avez-vous seulement été aux renseignements avant de prendre une détermination... si je vous disais que les propriétés de ce monsieur... de Bellevue sont grevées d'hypothèques, et qu'avec cela il est criblé de dettes.

CABOCHE (1). C'est impossible. (*Il veut s'éloigner.*)

JACQUES, *le retenant encore.* Mon oncle!

CABOCHE. D'ailleurs, s'il a des dettes, je les paierai... mais il épousera ma fille, je ne reviens jamais sur ce que j'ai dit! moi... corbleu! (*Il sort furieux par la gauche.*)

JACQUES, *à part.* Quelle tête d'âne. (*Madame Durand et Geneviève accourent au bruit.*)

---

## SCÈNE XV.

### MADAME DURAND, JACQUES, GENEVIÈVE, *puis* PICARDIN.

MADAME DURAND, *entrant par le fond.* Qu'avez-vous donc fait à Monsieur?

GENEVIÈVE, *entrant par le premier plan, à droite.*) Pourquoi mon père crie-t-il si fort?

JACQUES. Ce n'est rien, Geneviève, je l'ai contrarié un peu, voilà tout. (*Apercevant Picardin qui entre par le fond.*) Qu'est-ce qu'il nous veut, ce grand efflanqué?

MADAME DURAND, *bas* (2). C'est Picardin, le domestique...

JACQUES, *bas.* Renvoyez-le.

PICARDIN, *une serviette à la main.* Ah! que j'ai donc bien mangé... que je suis plein, mon Dieu! que je suis plein. (*Jacques et Geneviève causent ensemble, au fond, à droite.*)

MADAME DURAND, *à Picardin.* Que demandez-vous?...

PICARDIN. Je suis plein comme un œuf.

MADAME DURAND. Est-ce qu'il vous faut encore quelque chose?

PICARDIN. Un peu de café noir, s'il vous plaît?

MADAME DURAND. Il n'y en a pas!...

PICARDIN. Quelle cassine! pas de gloria!

MADAME DURAND. Votre maître vous demandait.

PICARDIN. Ah! mais je ne le demande pas, moi.

MADAME DURAND. Il est dans le jardin, je crois. (*Elle passe à gauche.*)

PICARDIN, *jetant sa serviette, à part* (3). Je vois ce que c'est, on conspire ici, contre nous... que

1 Cab. Jacq.

2 Pic, mad. Dur. Jacq. Gen.

3 Mad.Dur. Pic. Jacq. Gen.

je suis plein... mon Dieu! que je suis donc plein... (*A la porte du fond.*) Je vais prévenir le patron de ce qui se passe... (*Il sort par le fond.*)

## SCÈNE XVI.

### MADAME DURAND, JACQUES, GENEVIÈVE.

JACQUES, *descendant avec Geneviève.* Non, Geneviève, non, tout n'est pas perdu, je dirai, s'il le faut, que M. Bellevue a encore emprunté une grosse somme la semaine dernière, à preuve que c'est un usurier de Rouen qui la lui a prêtée.

GENEVIÈVE. Mon père ne vous croira pas.

MADAME DURAND, *à Jacques.* Vous savez bien qu'il est têtu comme personne.

JACQUES. Et moi donc, je lui rendrai des points.

MADAME DURAND.
Air des *Maris ont tort.*
Il faut redouter sa colère...
Il est terrible, entendez-vous!
JACQUES.
Je ne suis pas d'un caractère
A me soumettre et filer doux,
Je n'ai pas peur de son courroux!
Ne craignez rien, je suis un crâne,
Lui, monte comm' soupe au lait!...
S'il est entêté comme un âne,
Moi, j' suis têtu comme un mulet. (*bis.*)

GENEVIÈVE. Si nous employions la prière pour fléchir mon père?...

MADAME DURAND. Oui, liguons-nous.

JACQUES. Allons, soit! avant de casser les vitres je veux bien le prévenir de la casse...

MADAME DURAND. C'est ça... aux armes!

JACQUES, *riant.* Aux armes!... (*On entend la voix de M. Caboche.*)

MADAME DURAND. Voici l'ennemi!... je me sauve!... (*Elle sort par le deuxième plan, à droite.*)

GENEVIÈVE. Moi aussi!... (*Elle sort par le premier plan à droite; M. Caboche entre par le fond, avec Ernest et Picardin.*)

## SCÈNE XVII.

### JACQUES, PICARDIN, CABOCHE, ERNEST.

CABOCHE. Venez, monsieur de Bellevue, je tiens à avoir une explication, relativement à certains propos que mon neveu a tenus sur votre compte...

ERNEST, *avec mépris.* Ce M. Jacques Cauchois! (*Jacques s'est assis à gauche.*)

PICARDIN, *regardant Jacques.* Ce champêtre jeune homme.

CABOCHE. Ce n'est pas que je doute de votre honorabilité, car sans cela je ne vous accorderais pas la main de Geneviève, mais c'est pour ma propre satisfaction; je tiens à confondre les envieux et les calomniateurs.

PICARDIN, *regardant Jacques.* Ah! Monsieur est un faiseur de cancans.

CABOCHE. Oui, mon neveu prétend que tous vos biens sont hypothéqués...

PICARDIN, *à part.* Aïe! aïe!

CABOCHE, *appuyant sur les mots.* Et que vous êtes criblé de dettes.

ERNEST. Qui n'a pas quelques petites dettes, cher beau-père, je vous le demande?...

PICARDIN. Oui, nous vous le demandons?

CABOCHE. Moi-même, j'en ai... Je dois à mon boucher.

PICARDIN. Ainsi, il doit à son boucher.

ERNEST. Je peux porter la tête haute, croyez-le... Je n'épouse pas mademoiselle Geneviève pour son bien, mais pour sa beauté.

CABOCHE. Je n'en ai jamais douté.

JACQUES, *outré, se levant et allant à Ernest* (1). Vous n'avez pas emprunté vingt mille francs dernièrement, sur...

ERNEST, *l'interrompant.* Je ne sais ce que vous voulez dire.

PICARDIN. Jeune agriculteur, nous ne savons ce que vous voulez dire. (*Jacques lève les épaules.*)

CABOCHE. Je vous crois, monsieur Ernest; plus ample explication devient inutile. La dot de ma fille vous importe peu, n'est-ce pas?

ERNEST. Parbleu!... Je ne suis pas spéculateur.

PICARDIN. Nous ne spéculons pas, nous!... (*A Jacques.*) Ce n'est pas beau de mentir, Monsieur.

JACQUES, *le faisant reculer.* Eh! dites donc, domestique! apprenez que je ne mens jamais.

CABOCHE, *comme frappé d'une idée, à Ernest.* Ah!... attendez... Je vais le confondre... (*A Jacques.*) Jacques, pour te prouver que j'ai confiance dans la parole de M. de Bellevue, et pour te consoler de la perte de ma fille, je te donne vingt mille francs sur sa dot.

ERNEST, *à part.* Ah! diable!

PICARDIN, *à part.* Ah! fichtre!

ERNEST, *à part.* Après ça, il en reste quarante mille.

CABOCHE, *à Ernest.* Les autres quarante mille francs... Je les garde!... Je connais Monsieur, il prendra ma fille sans dot.

ERNEST, *à part.* Sans dot!

PICARDIN, *à part.* Bigre de bigre!

CABOCHE. Ne trouvez-vous pas que c'est un bon moyen de confondre mon neveu?

ERNEST. En effet... c'est un excellent moyen et surtout très-ingénieux. (*Il passe près de Picardin.*)

PICARDIN (2). Oh! oui, très-ingénieux. (*A part.*) Nous sommes volés!

1 Pic. Jacq. Ern. Cab.
2 Pic. Ern. Jacq. Cab.

JACQUES, *venant près de son oncle.* Je trouve aussi que l'idée est excellente, mon oncle, et à ce prix-là je renonce à mes prétentions.

CABOCHE, *à Ernest.* Vous acceptez ces conditions?

ERNEST. En douteriez-vous?

CABOCHE, *radieux.* Voilà comment je confonds un calomniateur, moi. *(Il passe près d'Ernest (1.)* Mon gendre, nous irons signer le contrat dans un instant... *(A Jacques.)* Quant à toi, viens que je te donne ton argent... tu vois que je te dédommage largement. *(Il sort à gauche.)*

JACQUES, *le suivant (2).* Je vous suis, mon oncle... *(Se retournant, à Ernest.)* Je serai votre garçon d'honneur, monsieur le millionnaire. *(Il entre à gauche. Picardin et Ernest tombent assis chacun sur une chaise.)*

## SCÈNE XVIII.

### PICARDIN, ERNEST.

ERNEST, *à droite.* Eh bien?...

PICARDIN, *à gauche.* Eh bien?...

ERNEST. Picardin?...

PICARDIN. Monsieur?...

ERNEST. Que dis-tu de cela, toi?

PICARDIN. Je dis, Monsieur, que nous sommes fumés.

ERNEST, *se levant.* Il est fou ce M. Caboche.

PICARDIN, *de même.* Oui, je le crois un peu toqué.

ERNEST. Un peu? beaucoup!

PICARDIN. Je crois que cette cambuse est une succursale de Charenton. Allons-nous-en. *(Il remonte.)*

ERNEST, *passant à gauche (3).* Y penses-tu?

PICARDIN. C'est parce que j'y pense, que je vous le dis, Monsieur.

ERNEST. Comment nous tirer de là avec les honneurs de la guerre?

PICARDIN, *redescendant.* Une idée!

ERNEST. Tu as une idée, toi?

PICARDIN. Cédez vos droits au jeune laboureur.

ERNEST. Comment m'y prendre?

PICARDIN. Vous direz que vous avez eu pitié de son amour, que mademoiselle Geneviève ne vous aime pas assez... que... que sais-je, moi?...

ERNEST. Si Jacques ne prête pas les mains à ce stratagème?

PICARDIN. Eh bien! Monsieur, vous vous ferez sauter la cervelle.

ERNEST. Que dis-tu?

PICARDIN. Je veux dire que vous menacerez de vous détruire... oh! je compte assez sur vous

1 Pic. Ern. Cab. Jacq.
2 Pic. Jacq. Ern.
3 Ern. Pic.

pour n'en rien faire... car vous me devez cinq années de gages...

ERNEST, *riant.* Ça, c'est une raison...

JACQUES, *en dehors.* Merci, mon oncle.

ERNEST. Ah! voici Jacques! *(Jacques entre par la gauche, comptant des billets de banque.)*

## SCÈNE XIX.

### LES MÊMES, JACQUES.

JACQUES (1). Dix-huit, dix-neuf et vingt... Le compte y est bien.

ERNEST, *à Jacques, avec politesse.* Ne m'avez-vous pas dit tantôt, monsieur Jacques, que vous adoriez mademoiselle Geneviève?

JACQUES, *à part.* Je te vois venir. *(Haut.)* Eh ben?

ERNEST. N'aviez-vous pas la ferme résolution de me la disputer?

JACQUES, *à part.* Je ne m'étais pas trompé. *(Haut.)* Après?

ERNEST. N'êtes-vous pas son ami d'enfance?

JACQUES, *à part.* Amusons-nous. *(Haut.)* Où voulez-vous en venir?

ERNEST. J'ai réfléchi, si vous l'aimiez trop éperdument, et que de son côté, elle... je ne voudrais pas, voyez-vous braver son inclination... et faire deux malheureux.

PICARDIN. Nous ne voudrions pas...

JACQUES. Ah!... Je m'étonne, monsieur le gentilhomme, que vous reveniez là-dessus... Je suis un calomniateur.

ERNEST. C'est votre oncle qui prétend cela.

JACQUES. Je suis un faiseur de cancans!

ERNEST. C'est ce faquin de Picardin qui a inventé cela. *(Il menace Picardin de sa canne.)*

PICARDIN, *passant à gauche.* C'est vrai; mais c'était pour plaisanter, mon bon monsieur Jacques.

JACQUES, *à Ernest (2).* Vous n'avez point d'hypothèques sur vos biens... vous avez assez de revenus pour vous passer de dot?... Les billets de banque, ça n'est bon que pour les gens comme moi! *(Il montre ses billets.)*

ERNEST. Vous devez comprendre, qu'il est de ces choses qu'on ne peut avouer devant un beau-père...

JACQUES, *continuant avec ironie.* Vous aimez Geneviève, seulement pour sa beauté... Eh bien! épousez-la et n'en parlons plus! Je me contente de mes 20,000 fr... j'aime mieux l'argent que la femme, moi.

PICARDIN, *à part.* Ce Normand est Normand, comme il n'y a pas de Normands.

ERNEST, *tout d'un coup.* Voyons, monsieur

1 Jacq. Ern. Pic.
2 Pic. Jacq. Ern.

Jacques, jouons cartes sur table... vous me connaissez...

JACQUES, *avec indifférence.* Non, je ne vous connais pas.

ERNEST. Oh! vous êtes un finaud!... si, vous me connaissez.

JACQUES. Si ça peut vous faire plaisir, je vous connais.

ERNEST. Il faut vous taire...

JACQUES. Oh! oh!

ERNEST. Si je renonce à mes prétentions... Ah!..

PICARDIN. Ah!...

JACQUES. Ah !...

TOUS TROIS *ensemble.* Ah!...

JACQUES. C'est autre chose !

ERNEST, *confidentiellement.* Si je tenais à ce mariage... c'est que n'étant pas en argent comptant pour le moment... et mon château ayant besoin de quelques embellissements...

JACQUES. Urgents... très-urgents... Eh bien! en voilà de l'argent... (*Il lui montre les billets de banque.*)

PICARDIN, *à part.* Comme il connaît notre endroit sensible, cet homme des champs.

JACQUES, *les billets à la main.* Ça sent bon, n'est-ce pas?

ERNEST. Oh! oh! (*Il veut prendre les billets.*)

JACQUES. Sentez avec le nez... pas avec la main... (*Changeant de ton.*) Eh ben! décidez mon oncle à me donner Geneviève, et moi de mon côté... je vous embellirai... votre château... est-ce convenu ?

ERNEST. C'est convenu... topez là.

JACQUES, *lui donnant la main.* Je tope, et soyez sûr qu'après cela je crierai vos vertus par dessus les toits !... et je vous appellerai monsieur de Bellevue !... je vous appellerai même, si vous voulez, monsieur de très-Belle-vue !... (*Il met les billets dans sa poche.*)

ERNEST, *à Picardin.* Eh bien !... il a du bon !...

PICARDIN, *à part.* La canaille, comme il connaît le cœur humain ! (*Caboche entre par la gauche.*)

## SCÈNE XX.

### LES MÊMES, CABOCHE.

CABOCHE (1). Jacques, préviens ma fille. (*Jacques passe à droite.*)

ERNEST, *à Caboche* (2). Un instant, Monsieur.

CABOCHE. Le notaire nous attend... (*A Jacques.*) Va, Jacques, va !... (*Jacques sort par le premier plan à droite.*)

1 Pic. Cab. Jacq. Ern.
2 Pic. Cab. Ern. Jacq.

ERNEST, *à Caboche* (1). Je viens de causer sérieusement avec M. Cauchois... et j'ai été touché de sa violente passion...

CABOCHE. Mais il a son argent...

ERNEST. Tout en conservant son amour.

CABOCHE. Qu'est-ce que cela signifie ?

ERNEST. Cela signifie qu'il existe une passion ardente, inaltérable entre votre fille et votre neveu... Je renonce à faire violence à cette touchante inclination et à devenir votre gendre.

CABOCHE. Vous renoncez ?...

ERNEST. Complétement !

CABOCHE, *sévèrement.* Mais moi, je ne renonce pas à être votre beau-père... je n'accepte pas un pareil dévouement... Je vous ai accordé ma fille, vous épouserez ma fille.

PICARDIN, *à part.* Que cet homme est têtu ! Mon Dieu ! qu'il est têtu !

ERNEST. Mais puisque mademoiselle Geneviève ne m'aime pas...

CABOCHE. Elle vous aimera, vous dis-je !

ERNEST. Consultez-la vous-même, et vous apprendrez...

CABOCHE, *sévèrement.* Ce que j'ai résolu est résolu et sera exécuté! Ma volonté est immuable. Je suis bon, mais ferme.

PICARDIN, *à part.* C'est pas un beau-père, c'est un ogre ! (*Geneviève entre avec Jacques par le premier plan à droite. Caboche va au devant d'elle.*)

## SCÈNE XXI.

PICARDIN, ERNEST, CABOCHE, GENEVIÈVE, JACQUES, *puis* MADAME DURAND.

CABOCHE, *voyant Geneviève.* Ah!... Viens, Geneviève !...

ERNEST, *à Caboche.* Permettez-moi, Monsieur... (*A Geneviève.*) Mademoiselle, je connais maintenant toute la force de votre amour... pour M. Jacques; il sera votre mari.

GENEVIÈVE, *avec bonheur.* Est-il possible ! Vous consentez, mon père ?

CABOCHE, *furieux.* Du tout !... (*A Ernest.*) Vous vous êtes donc joué de moi, Monsieur? Ça ne se passera pas comme cela !

MADAME DURAND, *entrant par le deuxième plan à droite; à part* (2). On se dispute !

ERNEST, *à Caboche.* Mais, Monsieur...

JACQUES, *de même.* Mon cher oncle...

GENEVIÈVE, *de même.* Mon père...

PICARDIN, *de même.* Laissez-vous attendrir, mon bon monsieur Caboche !

CABOCHE, *éclatant.* Non, mille fois, non ; je ne

1 Pic. Cab. Ern.
2 Pic. Ern. Cab. Gen. Jacq. mad. Dur.

cèderai pas! Il faut que vous soyez mon gendre. (*Jacques passe à la droite de Caboche.*)

ERNEST. Ce serait faire le malheur de Mademoiselle.

MADAME DURAND, *s'approchant de Caboche* (1). Vous avez donc un cœur de fer?

CABOCHE, *brusquement.* Silence! Allez, à vos fourneaux. (*Madame Durand repasse à gauche.*)

JACQUES (2). Mon excellent oncle!

GENEVIÈVE, *de même.* Mon père!...

ERNEST, *de même.* Je vous en conjure!

PICARDIN, *de même.* Un peu d'humanité, s'il vous plaît.

CABOCHE. Mille millions de corbleu! Je ne suis donc plus maître chez moi... (*Ils l'entourent tous à la fois, et répètent ensemble leur prière. — Caboche dompté.*) Allons, c'est la première fois de ma vie que je ne fais pas ce que je veux, mais ce sera aussi la dernière! (*A Geneviève.*) Si tu y tiens tant, épouse ton cousin. (*Il fait passer Geneviève près de Jacques.*)

GENEVIÈVE (3). Merci, mon bon père!

JACQUES. Merci mon oncle. (*A Ernest.*) Vous serez mon garçon d'honneur, monsieur de Bellevue!

1 Pic. Ern. Jacq. Cab. mad. Dur. Gen.
2 Pic. Ern. Jacq. Cab. Gen. mad. Dur.
3 Pic. Ern. Jacq. Gen. Cab. mad. Dur.

ERNEST. Volontiers! (*Il tend la main comme pour recevoir les billets de banque.*)

JACQUES, *bas.* Nous règlerons... plus tard.

PICARDIN, *à part.* C'est le quatrième mariage qu'il manque... et mes cinq années de gages, mon Dieu!

ERNEST, *bas, à Picardin.* Est-ce que nous serions encore floués?.,.

PICARDIN, *bas.* J'en ai peur!

CHŒUR FINAL.

Air :

Enfin le mariage

Met le comble à $\substack{\text{nos}\\\text{leurs}}$ vœux

Et ce jour $\substack{\text{nous}\\\text{leur}}$ présage

Un avenir heureux!

JACQUES, *au public.*

Air de la *Sentinelle.*

Vous connaissez, comme moi ce dicton :
Jamais bâton ne cassa tête d'âne!
Mais l'auteur craint mieux qu'un coup de bâton :
Coup de sifflet peut lui fendre le crâne.
Il est si beau de se montrer humains!
Protégez-nous, vous, Messieurs du parterre,
Car sa tête est entre vos mains
Montrez-vous chevaliers... romains,
Pour qu'elle ne tombe pas par terre!
Non, pas par terre!

REPRISE DU CHŒUR.

FIN.

LAGNY. — Imprimerie de VIALAT et Cie.

# EN VENTE CHEZ LE MÊME ÉDITEUR :

**Colonne 1**

- L'Aïeule. 75
- Un Monstre de Femme. 60
- La Jeunesse de Charles-Quint. 60
- Le Vicomte de Létorières. 60
- Les Fées de Paris. 60
- Pour mon fils. 60
- Lucienne. 60
- Les jolies Filles de Stilberg. 60
- L'Enfant de Chœur. 60
- Le Grand Palatin. 60
- La Tante mal gardée. 60
- Les Circonstances atténuantes. 60
- La Chasse aux Vautours. 60
- Les Batignollaises. 60
- Une Femme sous les Scellés. 60
- Les Aides de Camp. 60
- Le Mari à l'essai. 60
- Chez un Garçon. 60
- Jaket's-Club. 60
- Mérovée. 60
- Les deux Couronnes. 60
- Au Croissant d'Argent. 60
- Le Château de la Roche-Noire. 60
- Mon illustre ami. 60
- Talma en congé. 60
- L'Omelette Fantastique. 60
- La Dragonne. 60
- La Sœur de la Reine. 60
- La Vendetta. 60
- Le Poète. 60
- Les Informations Conjugales. 60
- Le Loup dans la Bergerie. 60
- L'Hôtel de Rambouillet. 60
- Les deux Impératrices. 60
- La Caisse d'Épargne. 60
- Thomas le Rageur. 60
- Derrière l'Alcôve. 60
- La Villa Duflot. 60
- Péroline. 60
- La Femme à la Mode. 60
- Les égarements d'une Canne et d'un Parapluie. 60
- Les deux Anes. 60
- Foliquet, coiffeur de Dames. 60
- L'Anneau d'Argent. 60
- Recette contre l'Embonpoint. 60
- Don Pascale. 60
- Mademoiselle Déjazet au Sérail. 60
- Toubouli le Cruel. 60
- Hermance. 60
- Les Canuts. 60
- Entre Ciel et Terre. 60
- La Fille de Figaro. 60
- Métier et Quenouille. 60
- Angélique et Médor. 60
- Loïsa. 60
- Jocrisse en Famille. 60
- L'autre Part du Diable. 60
- La Chasse aux Belles Filles. 60
- La Salle d'Armes. 60
- Une Femme compromise. 60
- Patineau. 60
- Madame Roland. 60
- L'Esclave du Camoëns. 60
- Les Réparations. 60
- Mariage du Gamin de Paris. 60
- Veille du Mariage. 60
- Paris bloqué. 60
- Un Ménage Parisien. 1 »
- La Bonbonnière. 60
- Adrien. 60
- Pierre le Millionnaire. 60
- Carlo et Carlin. 60
- Le Moyen le plus sûr. 60
- Le Papillon Jaune et Bleu. 60
- La Polka en province. 60
- Une Séparation. 60
- Le roi Dagobert. 60
- Frère Galfâtre. 60
- Nicaise à Paris. 60
- Le Troubadour-Omnibus. 60
- Un Mystère. 60
- Le Billet de faire part. 60
- Pulcinelle. 60
- Fiorina. 60
- La Sainte-Cécile. 60
- Follette. 60
- Deux Filles à Marier. 60
- Monseigneur. 60
- A la Belle Etoile.

**Colonne 2**

- Un Ange tutélaire. 60
- Un Jour de Liberté. 60
- Wallace. 60
- L'Ecolier d'Oxford. 60
- L'Oiseau du Bocage. 60
- Paris à tous les Diables. 60
- Une Averse. 60
- Madame de Cérigny. 60
- Le Fiacre et le Parapluie. 60
- Morale en action. 60
- Liberté Libertas. 60
- L'Ile du prince Toutou. 60
- Mimi Pinson. 60
- L'Article 170. 60
- Les Viveurs. 60
- Les deux Pierrots. 60
- Seigneur des Broussailles. 60
- Deux Tambours. 60
- Constant la Girouette. 60
- L'Amour dans tous les Quartiers de Paris. 60
- Madame Bugolin. 60
- Petit Poucet. 60
- Camoëns. 60
- Escadron volant de la Reine. 60
- Le Lansquenet. 60
- Une Voix. 60
- Agnès Bernau. 60
- Amours de M. et Mme Denis. 60
- Porthos. 60
- La Pêche aux Beaux-Pères. 60
- Révolte des Marmousets. 60
- Le Troisième Mari. 60
- Un premier Souper de Louis XV. 60
- L'Homme à la Mode. 60
- Une Confidence. 60
- Le Ménétrier. 60
- L'Almanach des 25,000 Adresses. 60
- Une Histoire de Voleurs. 60
- Les Murs ont des Oreilles. 60
- L'Enseignement Mutuel.
- La Charbonnière. 60
- Le Code des Femmes. 60
- On demande des Professeurs. 60
- Le Pot aux Roses. 60
- La Grande Bourse et les Petites Bourses. 60
- L'Enfant de la Maison. 60
- Riche d'Amour. 1
- La Comtesse de Moranges. 60
- L'Amazone. 60
- La Gloire et le Pot-au-Feu. 60
- Les Pommes de terre malades. 60
- Le Marchand de Marrons. 60
- V'là ce qui vient d'paraître. 60
- La Loi salique. 60
- Nuage au Ciel. 60
- L'Eau et le Feu. 60
- Beaugaillard. 60
- Mardi Gras. 60
- Le Retour du Conscrit. 60
- Le Mari perdu. 60
- Dieux de l'Olympe à Paris. 60
- Le Carillon de Saint-Mandé. 60
- Geneviève. 60
- Mademoiselle ma Femme. 60
- Mal au Pays. 60
- Mort civilement. 60
- Garde-Malade. 60
- Fruit défendu. 60
- Un Cœur de Grand'Mère. 60
- Nouvelle Clarisse Harlowe. 60
- Place Ventadour. 60
- Nicolas Poulet. 60
- Roch et Luc. 60
- La Protégée sans le savoir. 60
- Une Fille Terrible. 60
- La Planète à Paris. 60
- L'Homme qui se cherche. 60
- Maître Jean. 60
- Ne touchez pas à la Reine. 1
- Une amie à Paris. 60
- Irène ou le Magnétisme. 60
- Amour et Biberon. 60
- En Carnaval. 60
- Bal et Bastringue. 60
- Un Bouillon d'onze heures. 60
- Cour de Bberack. 60
- D'Aranda. 60
- Une Femme qui se jette par la fenêtre. 60

**Colonne 3**

- Avocat Pédicure. 60
- Trois Paysans. 60
- Chasse aux Jobards. 60
- Mademoiselle Grabutot. 60
- Père d'occasion. 60
- Coquignole. 60
- Henriette et Charlot. 60
- Le Chevalier de Saint-Remy. 60
- Malheureux comme un Nègre. 60
- Un Vœu de jeune Fille. 60
- Secours contre l'Incendie. 60
- Chapeau Gris. 60
- Sans Dot. 60
- La Syrène du Luxembourg. 60
- Homme Sanguin. 60
- La Fille obéissante. 60
- Tantale. 60
- Deux Loups de Mer. 60
- Olméa. 60
- La Croisée de Berthe.
- La Filleule à Nicot. 60
- Les Charpentiers. 60
- Mademoiselle Faribole. 60
- Un Cheveu blond. 60
- Les Impressions de Ménage. 60
- L'Homme aux 160 Millions. 60
- Pierret Posthume. 60
- La Déesse. 60
- Une Existence décolorée. 60
- Elle... ou la Mort! 60
- Didier l'honnête Homme. 60
- L'Enfant de quelqu'un. 60
- Les Chroniques bretonnes. 60
- Haydée ou le Secret. 1
- L'Art de ne pas donner d'Étrennes. 60
- Le Puff. 1
- La Tireuse de Cartes. 60
- La Nuit de Noël. 1
- Christophe le Cordier. 60
- La Rose de Provins. 60
- Les Barricades de 1848. 60
- 34 Francs, l'ou sinon !... 60
- La Fille du Matelot. 60
- Les deux Pommades. 60
- La Femme blasée. 60
- Les Filles de la Liberté.
- Hercule Belhomme. 60
- Don Quichotte. 60
- L'Académicien de Pontoise. 60
- Ah! Enfin! 60
- La Marquise d'Aubray. 60
- Le Gentilhomme campagnard. 60
- Les Peureux. 60
- Le Chevalier de Beauvoisin. 60
- Le Gentilhomme de 1847. 60
- La Rue Quincampoix. 60
- L'Ange de ma Tante. 60
- La République de Platon. 60
- Le Club des Maris. 60
- Oscar XXVIII. 60
- Une Chaine Anglaise. 60
- Un Petit de la Mobile. 60
- Histoire de rire. 60
- Les vingt sous de Périnette. 60
- Le Sergent de la Paroisse. 60
- Agénor le Dangereux. 60
- Roger Bontemps. 60
- L'Eté de la Saint-Martin. 60
- Jeanne la Folle. 1
- Les suites d'un Feu d'Artifice. 60
- O Amitié ! ou les trois Époques. 60
- La Propriété, c'est le Vol. 60
- La Poule aux Œufs d'Or. 60
- Elevés ensemble. 60
- L'Hôtellerie de Genève. 60
- A bas la Famille ou les Banquets. 60
- Daniel. 1
- Le Voyage de Nanette. 60
- Thisbé à la Cour. 60
- Le baron de Castel-Sarrazin. 60
- Madame Marnelle. 60
- Un Gendre aux Épinards. 60
- Madame veuve Larifla. 60
- La Reine d'Yvetot. 60
- Les Manchettes d'un Vilain. 60
- Le Duel aux Mauviettes. 60
- Les Filles du Docteur. 60
- Un Truc pris dans une porte. 60
- Les Grenouilles qui demandent un Roi. 60

**Colonne 4**

- Ce qui manque aux Grisettes. 60
- La Poésie des Amours et... 60
- Les Viveurs de la Maison-d'Or. 60
- Un Troupier dans les Confitures. 60
- Ma Tabatière. 60
- Gracioso. 60
- E H. 60
- Trompe-la-Balle. 60
- Un Vendredi. 60
- Le Gibier du Roi. 60
- Breda-Street. 60
- Adrienne Lecouvreur. 1 »
- Sans le Vouloir. 60
- Les Femmes saucialistes. 60
- Le Mobilier de Bamboche. 60
- Les Beautés de la Cour. 60
- La Famille. 60
- L'Hurluberlu. 60
- Un Cheveu pour deux têtes. 60
- L'Ane à Baptiste. 60
- Les Prodigalités de Bernerette. 60
- Les Bourgeois des Métiers. 60
- La Graine de Mousquetaires. 60
- Les Faubourgs de Paris. 60
- La Montagne qui accouche. 60
- Le Juif-Errant. 60
- Adrienne de Carotteville. 60
- Un Socialiste en Province. 60
- Le Marin de la Garde. 60
- Une Femme qui a une jambe de bois. 60
- Mauricette. 60
- Une Semaine à Londres. 60
- Le Cauchemar de son propriétaire. 60
- Le Marquis de Carabas. 60
- La Ligue des Amants. 60
- Les Sept Billets. 60
- Passe-temps de la Duchesse. 60
- Les Cascades de Saint-Cloud. 60
- Lorettes et Aratos. 60
- Les Compatriotes. 60
- Un Tigre du Bengale. 60
- Le Congrès de la Paix. 60
- Les Représentants en vacances. 60
- Les Grands Ecuriers en vacances. 60
- Un Intérieur comme il y en a tant ! 60
- Le Moulin Joli. 60
- La Rue de l'Homme-Armé. 60
- La Fée aux Roses. 1 »
- Babet. 60
- Un Lièvre en sevrage. 60
- Eveyne. 60
- Trumeau. 60
- Mademoiselle Carillon. 60
- L'Héritier du Czar. 60
- Rhum. 60
- Les Associés. 60
- Les Fredaines de Troussard. 60
- Les Partageux. 60
- Daphnis et Chloé. 60
- Malbranchu. 60
- La fin d'une République. 60
- La Croix de Saint-Jacques. 60
- Paris sans impôts. 60
- Un Quinze-Vingt. 60
- Les Gardes françaises. 60
- Les Vignes du Seigneur. 60
- La Perle des Servantes. 60
- Un ami malheureux. 60
- Un de perdu, une de retrouvée. 60
- La République des lettres. 60
- Figaro en prison. 60
- La Dame de Trèfle. 60
- Le Ver luisant. 60
- Les Secrets du Diable. 60
- Deux vieux Papillons. 60
- La Marée de Poissy. 60
- L'Homme aux Souris. 60
- Le Baiser de l'Etrier. 60
- Pannelo et Satellites. 60
- Héloïse et Abailard. 60
- Une Veuve inconsolable. 60
- A la Bastille. 1 »
- Jean Bart. 60
- Les Pupilles de dame Charlotte. 60
- Le Jour de Charité. 60
- Un Fantôme. 60
- Les Nains du Roi. 60

**EN VENTE**

CHEZ LE MÊME ÉDITEUR ET CHEZ TOUS LES LIBRAIRES :

# LES DRAMES DU FOYER

Par MM. G. LAPOINTE et F. de REIFFENBERG. — Un vol. format Charpentier. Prix 2 fr. 50 c.

LAGNY. — Imprimerie de VIALAT et Cie